詩꽃처럼 옹알이로 피어나다

김선옥 제3시집

詩 꽃처럼 옹알이로 피어나다

초판인쇄일 2015년 4월 10일
초판발행일 2015년 4월 15일

지은이 : 김선옥
펴낸곳 : 도서출판 채운재
발행인 : 양상구
디자인 : 김초롱
주　소 : 100-861 서울시 중구 삼일대로6길 13 서울빌딩 202호
전　화 : 02) 704-3301, 010-5466-3911
팩　스 : 02) 2268-3910
이메일 : ysg8527@naver.com

※ 잘못된 책은 교환해 드립니다.
※ 책값은 뒤표지에 있습니다.

채운재 시선 54

詩꽃처럼 옹알이로 피어나다

도서출판 채운재

작가의 말

자연을 사랑하고 동물을 사랑하며 꽃을 좋아한다.

그러기에 보고 느낀 감정을 글로 표현하는 것은 당연한 일인지도 모른다.

가을에 풍성한 수확을 기대하며 농부가 봄에 씨앗을 심는 것처럼 문학인이 글을 쓰는 것은 사물을 보고 느낀 감정을 글로 남기는 보람일 것이다

제1 시집 함지박 사랑

제2 시집 바람개비의 꿈

제3 시집 詩 꽃처럼 옹알이로 피어나다

상재하게 됨을 은혜로 생각한다.

꿈 많던 시절 하고 싶었던 일 중의 하나는 글을 쓰고 싶다는 것이었고 내게 시인이라는 칭호가 붙여졌을 때는 감격 그 자체였다.

그러나 그것도 잠시, 과연 내가 시인일까?

자문해 보며 부족한 詩를 세상에 내놓는다는 것은 여간 힘든 일이 아니라는 것을 금방 알게 되었다.

그런데도 불구하고 또 다시 제3 시집 詩 꽃처럼 옹알이로 피어나다를 조심스럽게 펼쳐 놓는다.

이 시집의 詩를 읽는 이의 가슴에 울림을 주고 마음이 포근해지는 행복한 시집이면 좋겠다.

2015년 3월

차 례

1부
그리움 따라 마음도 가고

2부
그곳에 가면

차 례

3부
봄날의 향기처럼

차 례

4부
그런 날이 있다

차 례

5부
비움의 법칙

1부

그리움 따라 마음도 가고

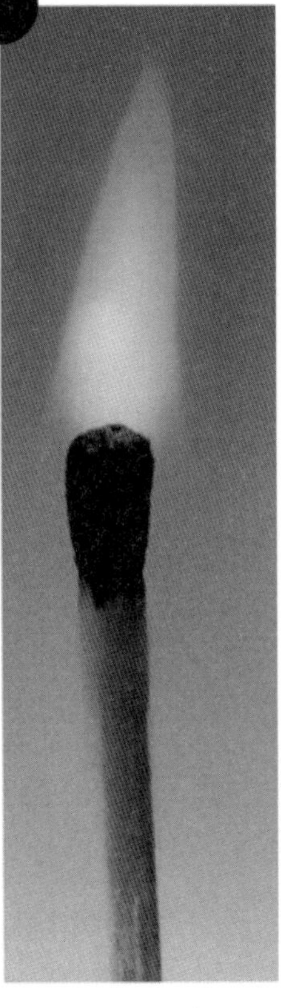

어머니의 맷돌

골동품 가게 앞
한쪽에 놓인 맷돌에
어머니 얼굴이 보인다.

이른 새벽
달달 거리는 맷돌 소리가
잠들어 있던 뱃속을 흔들고
어처구니 밑으로 부서져 내리는
하얀 가루는
가난한 설움으로 흘러내렸다

쌀 한 줌 넣어 지은 보리밥
한 그릇으로도 호강이던 시절
맷돌 소리 들리는 날은
곯은 배 채우는 날이었다.

추적추적 비 내리는 날
밀수제비 만들어주신 어머니
얼른 먹어라 많이 먹어라

나는 괜찮다 하셨는데
머리에 하얀 서리 내리고
어머니 나이 훨씬 지나
눈시울이 붉어지는 걸 보면
이제, 철이 드는가 보다

그 사람이 좋다

이른 아침에 불어오는 바람처럼
신선함으로 다가오는
그 사람이 좋다

구정물도 마다치 않고
받아주는 바닷물처럼
모자란 듯하여도 소박하다 말하며
다정하게 불러주는
그런 사람이어서 좋다

새콤한 석류알처럼
감칠 맛 나는 사람
한결같이 정이 넘쳐나는 사람
하루하루 살맛나게 하여
행복을 주는 그 사람이 좋다

청마의 새해 아침에

들리는가
솟아오르는 붉은 해를 박차고
달려오는
저 말발굽 소리를

힘차게 질주해 오는
튼실한 몸짱을 바라보는
박수갈채가 들리지 않는가

돌진하는 기백이 대장부 같은
듬직한 너를 만나는 아침이
희망의 새날이구나.

이제, 마지막 종점까지 달려
팡파르 울려 퍼지는 그 날
오는 이에게 배턴을 넘겨주고
조용히 퇴장하는 그 날까지
너와 함께 달려 가보자꾸나

들꽃

부르셨나요
나, 여기 있어요
내 마음 일렁이게 하는
그대는 누구시길래
이름을 불러주나요

스침이 늘 그랬듯이
무심히 지나칠 줄 알았는데
진흙 속에 보석을 발견한 듯
그윽한 눈으로 바라보는
누구신가요, 그대는

불러주는 이 없어도
외로운 달빛 아래 이슬 머금고
이름 없이 피었다 가는
초로 같은 삶인데 당신은 누구시길래
가만가만 다가와
다정하게 불러주나요

길고 긴 오랜 세월
가슴을 열어 보이지 못했는데
뒤돌아보게 하는 당신
살포시 내보이렵니다
풋풋한 사랑으로

산사에 봄 오는 소리

큰 스님 되고 싶은
소망으로
계곡 얼음장 깔고 앉아
큰 스님 흉내 내는
동자승

108배
어설픈 목탁 소리
똑.
똑.
도독. 또르르…

복수초

하얀 눈 헤집고
고개를 든 그대로부터
봄은, 시작되는가 보다

꽃샘바람이
겨우내
눈밭 속에 숨겨 놓았던
샛노란 꽃단지 열어
봄 향기 날리니

병아리 같은 꽃 이파리
하늘거리는 자태에 반해버린
솔가지에 걸터앉은
해님
활짝 펼친 부챗살로 살짝 가리고
입맞춤한다

태동

저 멀리서부터
발걸음 소리가 들려와요.
진정 오시는 건가요

이제나저제나
기다리게 하시더니
그대의 미동微動 우레 같은
큰 소리로 들려오네요.

몸도 마음도
꽁꽁 얼게 한 동장군
뒤돌아보며 황급히 빠져나간
들길 따라 가만가만
오시는 이가 당신인가요.

가까이 아주 가까이
다가올수록, 연둣빛 사랑으로
파랗게 물들어 가네요

코스모스

꺾일 듯 꺾이지 않는
저 여린 몸매
연분홍 옷고름 물고
누굴 기다리실까

해마다 이 길로 가셨으니
돌아오는 길도 이 길뿐
한마음으로 기다리는

노을이 지면 찬이슬 내리고
풀벌레 소리마저 멀어지는데
생살에 파고드는 그리움
그 여린 몸으로 어찌 감당할 텐가

가을 그리움

하늘이
하도 맑고 고와
콕 찍었더니
그리움이 묻어났습니다

오실 기미조차 없어
애타는 마음
가슴 붉게 멍들더니
까맣게 타들어 가고

창에 어리는 그림자
긴가민가하여 뜰에 나가 보니
지나가는 가을바람 붙잡고
가슴앓이 추스르는 단풍잎이었습니다

지독한 가을 앓이
고스란히 피어나는
그리움 한 움큼
가을바람에 날려 보냅니다

가을 그리기

단풍을
그리려다, 그만
물감 통을 엎질렀습니다
산과 들이
온통 물들어 버렸습니다

닮았네

불타는 가슴
뜨거운 정열
화끈한 성깔
스타일이 닮았어

그리움 주고
눈물 또한 주지만
넉넉한 가슴으로
도닥여주는 마음
사랑도 닮았어

채우기도 전에
퍼주는
정 많은
그대 닮았네, 가을은

소나무의 독백

소망한다, 나는
새들의 영원한 안식처 되고
언제나 기꺼이 몸을 내어주는 일

이상과 현실 속에 갇혀
힘들어하는 이에게
사시 사절 푸른 깃발을 흔들며
희망을 주는 일

흙에 뿌리를 내린 오랜 세월
베어지고 잘려나간 상처로
때론, 흔들리지만 좌절은 없다

세상을 향하여
언제나 푸른 꿈을 줄 수 있는
소망이 있기에

11월의 소망

화가는
名 제하의 화폭에
마지막 햇살을 담는
단풍 한 잎
그려 넣어도 되련만.

음악가는
국화 향기에 취해
아직도 못다 한 살살이 꽃 사랑
덤으로 부르는 노래여도 좋으련만.

아무려면 어떠리
징검다리 건너고 설원雪園지나
산 하나 넘으면
거기에 봄이 있는데

외로워하지 않으리
찾아주는 이 없어도
소망을 담고 있기에.

당신의 매력

내일보다는 오늘에 충실하고.
자신을 비워 타인에게 채워주는
털털한 성격 같으면서도
섬세한 배려에 다시 한 번
뒤돌아보게 하는

좌절하고 실망하고 있는 이에겐
밤하늘의 별보다도 더 찬란하게
빛날 수 있다고 용기를 주고
넉넉한 가슴으로 도닥여주는

딱 꼬집어 말할 순 없지만
그렇다고 아니라 할 수도 없이
보면 볼수록 수수한

수많은 사람 있지만
당신에게 마음이 가는 것은
이런 매력이 있기 때문입니다

열애 중이다

떠오르는 태양과
도란거리는 별이 있고
그윽하게 떠오르는
달님이 있어도
너와 내가 없다면
무슨 의미가 있을까

태초에 땅이 생성될 즈음에
양과 음이
이어지는
원천의 고리가 되어
너와 나
사랑이란 인연의 굴레 안에
존재하는 것이 아니겠는가

하여, 지구라는 원안에는
씨를 품어 발아하기 위해
오늘도
뜨거운 열애 중이다

아직도

목련 활짝 핀 창가
햇살 가득한 침실로
바람 한 줄기 다가와
몸을 휘감는다

스쳐 지나가는
바람인 줄 알았는데
주저함 없이 다가와
머물고 있다

붉은 목련
한잎 두잎 떨어지는
황혼의 길목
돌아서려는데
이 느낌은 무엇일까?
아직도 남아있는…

고백

사랑을
말로 다 할 수 없지만
여명을 뚫고
불덩이로 솟아오르는
태양을 보세요
내 가슴이
그러니까요

해바라기

담장 너머로
긴 목 쑥 빼고
온종일 바라기 하는
일편단심

하나, 둘
그리움을 수놓아가며
연모하다
차라리 눈감아 버린 너

태양 따라 돌면서
노랗게 멍들다 못해
까맣게 타버린
숯덩이 가슴이구나

다시 태어난다 해도
그럴 것을
연년이 찾아와
그리움 안고
빙빙 돌기만 하는가?

동행

첫 느낌으로 다가온
새로운 시작은
가슴 두근거림이었다

항구의 배 드나듦이 그렇듯이
스치는 바람이면
지나간 흔적도 없겠지만
가슴 한편에 새겨진
인연 일지라도
인생이라는 함선에 함께
승선했다는 이유만으로도 행복하다

등대가 보이는 그곳까지
함께 가는 인연이면
더욱 좋겠다

김장하는 날

거친 비바람 피하여
사랑받을 날 기다리며
요조숙녀처럼 잘 자란 배추
시집가는 날이다

목욕재계한 후에
연지곤지 찍어 몸단장하고
새 집으로 들어와
한 포기 한 포기
살 맞대고 아우러져
입맛 당기게 익어간다

아삭아삭 맛깔스러운 맛
배추김치처럼 숙성되어
언제 어디서나 불러주는
그런 삶이었으면

나팔꽃 연가

어디 계세요?
새벽이슬 머금고
오늘도
사모하는 마음으로
당신을 향해 오릅니다

철벽 성안에 갇힌 임에게
오늘도 손 뻗어 가까이
더 가까이 가 보지만
밤마다 꿈속에서 만나던
임은 어디 계신지
아직도 먼 길이네요

오직 당신 향한 열정으로
오르고 오르다
마디마다 음표로 멜로디 되어
이른 새벽 그대 창가에 나팔을 붑니다
들리시나요. 그대여

※ 나팔꽃 전설을 토대로 쓴 시

짝사랑(단풍)

혼자만의 가슴앓이인 줄 알았지
야인 몸 누렇다 못해
붉은 반점이 보이기 전까지는

모세혈관이 핏빛으로 멍들 때에야 알았어
심장이 뜨겁다는 걸
검붉은 색으로 변해 가는 네가
더 많이 가슴앓이 했다는 것도

그냥 바라볼 수 밖에 없었지
잡으려 했을땐
이미 냉정히 돌아서는 너였기에
너 떠난 후 속앓이 해야 한다는 건
숙명일지도 몰라
멀고도 가까운 우리 사이
언제나 그랬듯이

죄송합니다

잊겠다 하고 사랑하는 마음
그대로여서 죄송합니다
천 리 길 달려오며 부르는 것 같아도
뒤돌아보지 않아 죄송합니다

땅거미 지는 저녁
호수에 노는 원앙 한 쌍
우두커니 바라보아서 죄송합니다

바보탱이라 말하며
그 자리 그대로라 말해도
믿어주지 못하고
잠시 쉬어가는 의자에
스쳐 가는 것으로 생각한 것
또한 죄송합니다

만남은 이별의 시작이라는 말도
그럴 리 없다 하며
헤어진다 해도

같은 하늘 아래 있을 거라
스스로 위로받아 죄송합니다

마지막 사랑이라
한 점 후회 없다는
그대의 말에 그저 죄송합니다
이제 고백하건대 당신보다
당신을 더 사랑했던 것 또한 죄송합니다

2부

그곳에 가면

내 고향 떡살구나무의 독백

어미의 손을 놓치고
때아닌 홍수에 떠내려가다가
낯선 마을 어귀 웅덩이를 맴돌다
발이 닿은 곳
당진군 석문면 솔 안말 이라는 마을
내 또래 계집아이와 정분이 나서
뿌리를 내렸다

훌쩍 자란 계집아이 시집가고
그 어미가 대신 사랑하다가
어미마저 떠나고
혹여나 달콤했던 입맞춤
잊지 못해 찾아올까
4월에 그리움이 연분홍 되고
6월엔 주렁주렁 황색 등 달며
해마다 기다리는데
나처럼 타향에 정 두었는지
시인이 되었다는 소식만
바람결에 들려 올 뿐
나처럼 늙어 마음뿐인지

천리포 수목원

상긋한 갯내음에 배인 숲은
아침 이슬에 초롱초롱 별이 되고
잡힐 듯 잡히지 않는 해무는
한 폭의 수묵화를 그려 놓았다

해송 사잇길에 머물다가
수목원 중앙 작은 연못 위로
해무와 함께 내린 우윳빛 햇살은
선잠 깬 물방개, 장구애비
연못을 부산하게 만들어
물수제비 뱅뱅 도는
천리포 수목원의 아침은
한 폭의 무릉도원이어라

그곳에 가면

새벽을 가르는 아침 해, 그리고
탁 트인 석모도 바다를 한눈에 들인
보문사

천 년을 너럭바위 깔고 앉은
낙가산 눈썹바위 불상
보일 듯 말 듯 소리 없는 미소
합창한 중생의 아픔을 어른다

누군가 한 번쯤은 피 흘린 상처
끊어진 시간의 사슬일지라도
정화되어 남김없이 마시고 싶으리라

삶은 모름지기 홀로 가는 길
탐욕을 버리고 눈을 감으니
부처의 눈에 담은 세상이 뛰어든다

석모도 바다는 갈매기의 등을 타고 그 위로
구름 흰 점 눈앞에 흐르는데
바람이 푸르다

거기 지금
내 영혼이 찾아간다

예성강을 바라보며

예나 지금이나
흐르는 강물은 변함없건만
닿을 듯 잡힐 듯하여도
너와 나는 오고 가지 못해
안타까움만 더해주는데
석양에 드리운 긴 그림자는
비스듬히 드러누워 다리를 놓고 있다

안개 자욱한 강물에 발을 담그면
가재 잡던 내 고향 냇가 풀냄새
아슴아슴 묻어나올 것 같은데
물장구치던 그곳은 아직
그대로 인지
두고 온 혈육은 잘 있는지
이젠, 그만 예성강아 말을 해다오

이곳에 찾는 발길마다
통일을 염원하며 망향단에 주저앉아
그리운 금강산을

애절하게 부르며 흘린 눈물을
어이 할 테냐

* 제4회 대한민국 순국선열 유족회 '나라 사랑' 공모 당선작

관풍헌의 恨

구중궁궐이 이보다도 더 깊을 쏘냐
담장 너머로 몸을 굽힌 우거진 송림은
임을 아련하고자 하늘로 치솟으며
태양도 엄동설한 시린 손을 녹여 주었을
강가의 조약돌이 객의 발길을 잡는구나

관풍헌[1)]을 향해 몸을 굽힌
충신들의 혼이 깃든 것 같은
송림에 가려진 달빛에
어리는 관음 송 처연한데
슬픈 빛으로 다가오는 청렴포
오월의 하늘은
오고 가는 이의 가슴을 저리게 하는구나

숨죽인 강물의 흐느낌도
천 년 지기 관음 송도
할 말을 잃은 듯 달빛마저 침묵하며
천 년 가지에 몸을 가리네

육육봉 가로막혀 임 그리는 망향탑을 쌓으며
노산 대에 올라 시 한수에 시름을 달래어
두견새도 슬피 울었을 청렵포의 한이여

1) 관풍헌: 단종의 유배지인 청령포 어소이며 승하하신 처소임.

인숙원에서

이른 아침
신비의 베일에 가려진 듯한
운무 자욱한 인숙원에 오르니
뻐꾸기 숨어 울고
동산에서 내려다보니
넉넉한 들 평화롭기 그지없다.

인숙원[1)]의 잔디는
가신임을 그리워하는
효자 시인의 애틋한 마음이고
언젠가 그도 여기 잠들 것이니
그래서 이곳이 더욱 정情 서럽다
"어서 오시게." 먼 길인데, 고생 많았지?
"쉬었다 가시게나," 한 번도 아니고 두 번씩이나 찾아오니
고마우이
평장平葬의 무덤이 자애롭고
사랑이 가득하다.

---

1) 천리포 문학기행중 정창희시인의 선산을 돌아본 후에. 어머니의 존함 인숙 仁淑을 따서 인숙원이라 하고 선산의 묘를 평장으로 한 동산

간월암看月庵 단상

예나 지금이나
바닷길이 닫고 열리면
썰물이듯 빠져나가는 뭍사람들
갯바위를 오르내리는 파도는
두고 간 흔적들 밤새 지운다

천 년 노송 뼈마디 구멍 사이로
드나드는 바람은
추녀 끝 풍경을 울리는구나

달빛 밤이면
젖은 한지 위로 묵향 번지는 듯
해무 속에 잠이 드는
간월암이여!

한용운 生家에서

구름처럼 흘러가는 행인이
진흙이 묻은 그대로
쉼을 얻을 수 있을까 하고
천 리 길을 찾아왔습니다

지친 몸
텅 빈 것 같은 마음도
채울 수 있을 것만 같아
불 현 천 리 달려왔습니다

임은 갔지만
읊던 시詩 구절구절마다
임을 뵈온 듯
가슴 절절하게 맺힙니다

가는 발길 멈추고
임이 남겨놓은 발자취에 서니
당신 숨결이 감돌아
여름 밤하늘의 별빛처럼

찾아오는 이의 가슴에, 그 넋을
총총 뿌려 놓으시는구려

김삿갓을 찾아서

세상 줄 끊어 삿갓 끈을 대신하고
바람 따라 임의대로 떠돌던 몸
그 넋이라도 보고자 찾아왔는데
흔적으로 향취만 남기었구나

가진 것도 없으니 놓을 것도 없이
괴나리봇짐 메고 유랑하던 임이여
후학을 위해 남겨 놓았는가
글귀가 발길을 사로잡아 상념에 젖게 하네

정처 없이 떠돌다 몸 뉘인 곳이 안식처 되고
시름의 한 잔 술이 시詩가 되어 잔을 채웠으리
풍류로 읊은 한 수 한 수가
이제, 문학도의 혼을 깨우는구려

* 김삿갓 문학관을 돌아보고

임진강에서

모진 비바람도
몸으로 쓸어안으며
흐르는 저 강물

달빛 지나가는 물기슭
긴장감이 팽팽한 밤에
갈대숲에 물새의 울음조차
귀곡성 같은
두려움을 품에 안고
꺾이고 휘어져 간다

임진강 가에 발길을 두면
그리움 같은 물비늘
반백 년 넘게 애가 탄 흔적으로
긴 세월에 할 말을 잃었구나
언제 끝남에 당도할지
입을 다문 임진강이여!

전등사에서

어림없다
한 사내 사랑의 복수심 앞에선,

삼랑 성곽을 넘어온
붉게 타는 단풍일지라도
대웅보전 처마 밑에 나녀 상을 보며
도편수의 절절했던 사랑 앞에선
곤두박질치며 혼절하고 만다

낙엽 같은 인생
너 또한, 무엇을 채우러 왔느냐며
질문을 던지는 듯
화려함을 외면한 단청 없는 대웅보전

아카루스[2] 같은 나녀상 앞에
발길 멈추고 지나온 삶의 여정
다시 돌아보라 한다.

---

2) 아카루스: 그리스 신화에 나오는 과욕과 어리석음의 대표 인물임

이효석의 메밀밭에서

수많은 팝콘을 터트려 놓았는가
사르르 녹는 솜사탕인가
봉평 언덕배기 흐드러진 메밀꽃
석양 노을에 얼비치어
오금이 저리도록 곱다

진열된 유품 속에 그리움이 묻어나
문학도의 발길 끊임없이 닿는 그곳
살랑살랑 부는 바람도 구름과
어우러져 그려 내는 메밀밭은
한 폭의 수채화다

물레방앗간에서의 운명적인
하룻밤 사랑 잊지 못하는
천년의 세월이 간다 해도
떨칠 수 없는 혼이
자욱한 안개 덮인 메밀밭으로
달빛 타고 선녀 되어 내려오는 듯하여라

무궁화를 보며

오고 가는 길
돌담 모퉁이에 선 그대
아니 본 듯했는데
모진 비바람에도 피고 지고
또 피어 희망의 날을
말해 주는 것 같아
버거웠던 삶 지탱할 수 있었다.

다소곳이 때론 의연하게
힘든 고난 이겨내기를 기다리며
변함없는 길잡이가 되어
한결같이 내 곁을 지켜주는
어머니 같은 그대

모진 목숨 추스르고
짓밟혀도 일어나는 질경이와 같이
민족의 혼을 담은 사랑이어라
가슴마다 떠오르는
또 하나의 태양이어라

평화전망대를 찾아

이름을 부르면 들릴 것 같고
한 발이면 건널 듯한
강 건너 내 핏줄 사는 저 북녘땅

손 내밀면 잡아줄 것 같아
오늘도 찾아왔건만
사상과 이념의 담이 막혀
올 수도 갈 수도 없네

예성강 줄기 따라 자욱한
해무 헤집고 달려온 바람
행여, 희소식 들어 볼까
전망대[3)]를 맴돌다 가는데
까맣게 타는 내 가슴은
어이 할거나

3) 평화 전망대 : 강화 최북단에 세워진 전망대 북한의 개풍군이 직경 1.8km

6월의 단상

청보리 익어가는 6월이면
찔레 향 짙게 깔린
언덕배기에 올라
먼지 날리는
신작로를 바라보았었지

상수리나무 이파리 무성한 앞산
해가 기운 저녁나절에
심던 모 던지고
그 사람 도회지로 떠나던 날
뻐꾸기 울어 더욱 서럽게 했었다

논배미에 모가 심어질 때면
아련히 들려오는
소식 주겠다던 그 말
가슴에 담긴 추억을 꺼내 보는
빛바랜 사진첩

희망

―세월호의 안타까운 소식을 듣고

악몽을 꾸는 걸 거야
너도나도

차디찬 바닷속에서 잠들지 말고
얘들아, 어서 일어나
아침을 맞자

이제 머뭇거릴 이유 없다
깊은 바닷속에 갇힌
세월호 박차고 나와
애태우며 기다리는
가족의 품으로 달려오너라

너희는
떠오르는 태양처럼
날아오르는 꿈만 꾸면 되는 거야
웅비처럼 하늘 높이

오늘도 하염없이

행복했다
네가 내 딸
내 아들이어서

미안해
정말 미안해
지켜주지 못해서

팽목항
칠흑 같은 밤바다
밀려오는 파도 소리
네가 부르는 것 같아
심장이 녹아내린다

지금 막
악몽에서 깨어나
진도 바다 가르며
달려올 것 같아
오늘도

하염없이 기다리고 있단다
어서 어미의 품으로 달려와 주렴

※ 2014.4.16 진도 바다에서 세월호 침몰. 단원고 수학여행 학생들 302 명이 희생됨

3부

봄날의 향기처럼

살다 보면 · 2

다 그런 거더이다, 산다는 게
봄바람에 날아오는
산수유 향 일지라도
때로는
쿨쿨한 시궁창의 냄새로
느껴지는 마음이더이다

허접스레 주워담은 욕망은
소리 나는 빈 수레일 뿐
모두 다 부질없는
짐이더이다

인생사 새옹지마塞翁之馬
길 가다 빈 깡통 발로 차면
소리만 요란할 뿐
세상 변한 것 하나 없지만
단 하나
어둠이 짙어지면
새벽이 오고 있다는 걸
알게 되더이다

단풍의 고백

봄부터 가을까지
한 줄기 바람 한 줌의 햇살로도
고운 꿈 품어 왔다.

고백하건대
초라한 모습으로 생을 마감할지라도
한 번만이라도 멋지게
뜨겁게 불태우고 싶었다

누군들 감추어둔 속내
쉽게 보이고 싶겠는가마는
이제, 가슴을 열어
한없이 만산에 불 지르고
미련 없이 떠나련다

기차도 울고

어디서부터였을까
산등성이 붉게 물들인
지는 해 좇아가며
긴 꼬리를 문 마지막 열차
황급하게 내지르는 저 소리

무슨 말을 하고 싶었던 것일까
막장 드라마 같은 고단한 삶
가슴 펼 날
꿈꾸는 이 싣고 달려왔는데
아쉬움만 남긴 채
매몰차게 떠나면 어쩌란 것이냐

곁눈도 안 주고 쏜살같이 달아나는
야속한 너를 부르는
숨넘어갈 듯한 애절한 비명이 안쓰러워
좇아가는 구름도 울고
바람도 울고 떠나는 너
잡을 수 없는 나도 운다

그리움

낙엽 하나둘
떨어지던 날
사랑하는 사람은
떠났지만
단풍처럼 물들어 있는
흔적은
끝내, 지워 내지 못했다

추억의 뒤안길

바다 같은 하늘에
내 마음 헹구어 낸다면
절절히 묻어나는 그리움도
지울 수 있을까?

어느 날 빗장 살짝 열고
아침 햇살 스미듯 상큼하게 다가온 너
곱게 핀 소 국화 한 다발 엮어
화관으로 씌워주며 동행하자 약속했었지

믿었던 그 말, 낙엽 지는 가을에
파편처럼 허공에 흩어지고
스멀스멀 기어오르는 추억 잊지 못해
다시 찾아온 둑방엔
소국 화 흐드러지게 피었는데
네 모습은 찾을 길 없고
풀벌레 울어 서러운 마음이어라

사랑하던 사람

눈 내리면
짐승이 지나갈 길을 내고
바람이 휘몰아 달려들면
온몸으로 막는 산이었다

그는
벼랑 틈새에 뿌리를 내려
봄날엔 꽃을 피워
새떼를 부르고
나무를 키우는 산이었다

이제 다시 만날 수 없는
먼 곳으로 갔지만
비가 오나 눈이 오나
변함없이 그 자리에 있어줄 거라
굳게 믿고 의지했었다는 것을
알고 있었을까?
사랑하던 사람아

외갓집 가던 길

외할아버지 제삿날
단비 쏟아져 늦은 모 심던 아버지
무릎까지 걷어 올린 잠방이
툴툴 털어 안마당 빨랫줄에 걸쳐 놓고
서둘러 어린 딸의 손을 잡고
외가댁으로 걸음을 재촉하셨다

무서움을 유난히 타던 아이
시오리 산길 땅거미가 질 때
수리부엉이 우는 소리에
아버지 등에 납작 엎디었고
심장 박동은 쿵쿵
간혹 뱉어내는 아버지 헛기침은
산짐승 쫓는 큰 울림으로 들렸다

이제 그 산길도 아버지도
수리부엉이도 없는데
그날의 딸아이는
아직도 그 자리에 머물러 있다

하얀 고무신

댓돌 위에 놓인 하얀 고무신
날창날창 가랑잎 같다
뽀얗게 닦아 댓돌 위 양지에 말리던
하얀 고무신

아버지 삶과 함께 걸어온 신발은
마지막엔 엿장수의 몫이었지만
그것도 자식 위해 던져진 것이다

길의 끝에서
흙을 털어내시던 그 날도
아버지 가슴에
손 한 번 얹어주지 못한 자식이
한 이 되어
지금도 간간이 통증으로 오다
그리움으로 남는다

향나무 거북선

어느 날 아버지가
어린 향나무 몇 그루를 가져와
집 주변 여기저기 심고
자식을 돌보듯 토닥토닥 흙을 덮어 주었다

봄이 시작되고
몇 번인가 계절이 바뀌니
향나무는 아버지의 손놀림대로
촛대로, 오 층 탑으로
장미 꽃송이같이 변해 갔다

앞마당 가에 향나무는
아버지 손놀림대로 거북선을 닮아갔고
몇 번인가 조경된 나무는 팔려갔지만
거북선은 여전히 제자리에 있었다

장마철이면 아랫 들녘엔
하얀 물바다가 되었고
곧 출범하는 거북선과 같이

비바람에 파란 잎, 촉은
출병하는 군사가 들고 있는
창끝처럼 보였다.

어린 꿈나무들이 이순신 장군처럼
대장부의 꿈을 꾸라며
6남매 졸업한 학교 운동장 가에
옮겨심어 놓으신 향나무 거북선

감나무와 아버지

감나무 한그루
한겨울 꿋꿋하게 견디더니
봄바람에 푸른 잎 불러내어
새순 가지마다 꽃을 매달아
마침내 풋감으로 내일을 연다

나무를 키우는 일도
너를 키우던 것과
그렇게 다르지 않다시며
환하게 웃으시며 심은 감나무

둥지를 멀리 떠나 사는 동안
풋감이 붉어지면
어김없이 보내온 감 꾸러미
가지 끝에 남겨놓은 몇 개는
끝없는 사랑이었다

이젠. 아버지 나이 되니
내 마음 안에 든
마당가에 감나무가 아련하다

붕어찜의 추억

신접살림 5년 만에
5층으로 된 주공아파트를 분양받았다
154동 104호

어느 날 연탄재를 버리다
환경미화원 아저씨들이
안주 없는 소주를 드시고 있는 걸 보고
낚시광이었던 남편이 잡아오는 붕어를
화단 밑거름으로 묻지 않고
요리를 만들어 드렸는데
맵싸하고 짭조름한 붕어찜의 입소문은
아파트를 오르내렸다

새댁은 복 받을 거야, 라는 한마디에
얼굴이 빨개졌던
지난날의 추억이 떠오른다

사랑하는 마음

하나가 되고
한마음이 된다는 것은
순간이라도 아름다움입니다

시간의 끝에는
잊어버린 것을 기억해 내고
그 추억은
언제나 아릿한 그리움입니다

당신과 나의 존재하는 시간은
늘 소중한 것 뿐인데
지금 이 순간까지
잠시라도 사랑하는 마음을
잊고 살지는 않았는지요.

사랑합니다. 당신을

세라복의 추억

입학 전날 저녁
다르르 다르르 재봉틀 소리
밤 가는 줄 모르는
엄마의 발놀림
오줌 마려 일어나 보니
머리맡에 곱게 접어놓은
세라복이 놓여 있었지

앙증맞은 작은 아이
이름 석 자 곱게 수놓은 손수건
세라복에 훈장처럼 달고
코흘리개 학교 가는 날
폴짝폴짝 십 리 길도 멀지 않았네

무명 검정치마 저고리 속에
단 하나, 세라복 입은 신데렐라
그때가 그리워
빛바랜 앨범을 꺼내 본다.

오후 6시

열정은 최고 온도에서 뜨겁게 타오른다
뒤돌아보니
햇살보다 더 반짝이던 때를 지나
푸릇한 벌판을 활보하던 때도 있었다

어디 그뿐이겠는가
달리던 순간에 굴절되는 삶도 있었지만
다시 오뚝이처럼 일어서는 용기도 있었다
끝없는 갈망에 얻은 것도 없지만
잃은 것도 없으니 무승부다.

지금도, 세월은 나를 끌고 가지만
인생 한 순간순간마다
퍼즐 맞추듯 완성되는 그 날까지
황홀하게 마지막 한 점까지
아낌없이 태우리라
지금은 인생 시계 오후 6시다

슬픈 사랑

청명한 하늘이 맑아서
늘 그럴 줄 알았고
햇살 고운 날처럼
너와 나
영원하리라 믿었는데

맑은 하늘에도
비, 바람 치는 날 있듯이
고왔던 우리 사랑도
소나기 퍼붓듯
앞길 보이지 않아
어쩔 수 없이 보내려 하네

만났다, 헤어짐은
숙명이라 해도 함께 한 추억
세월 지난 후에
그때를 회상하며
나에겐 행복이었다고
말할 수 있었으면.

사랑은

가득 채워져도
늘 빈 것 같고
비워진 것 같다가도
채워지는 것이더라

행복하면서도
돌아보면 늘 외롭고
주면 줄수록 공허해지고
받으면 받을수록
더욱 허기지더라

쫓아올수록 멀어지고
돌아서면 붙잡고 싶어지는
굴렁쇠처럼
돌고 도는 것이 사랑이더라.

물망초 사랑

열일곱 순정으로
당신 앞에 서면 가슴의 떨림
시월의 꽃무릇 같은 마음으로
붉어지는 것이 사랑인 줄 몰랐습니다

사랑은 주는 것도 받는 것도 아닌
따뜻한 가슴이란 걸 알았습니다.
추억을 심어놓은 곳곳마다
그대 향기 찾아 늘 꿈속 여행을 떠납니다.

성긴 대숲에 이는 바람도
사부락 사부락
그대 품 찾아 잦아드는데
숙명으로 다가온 사랑
애써 지우려 하지만 아직
마음은 보내지 못했습니다
나를 잊지 마세요

울지 않으렵니다

스며드는 달빛처럼
내 마음에 들어와
미소 짓게 하고

잔잔한 감동을 주며
사랑한다 말 없어도
가슴에 자리한 그대

잊는다는 것은
형벌보다 더 지독한
아픔이지만
울지 않으렵니다

그대가 그리울 땐
마음으로 볼 수 있는
사랑이기에

세월이 준 자화상

뒤돌아보니
사시사철
가파른 언덕
아득하게 달려왔다

갈바람에
낙엽 뒹구는 소리처럼
서걱이는 마음
이제야 구만리 창공이
눈앞에 보이누나

나, 이제
가을 햇살 같은 석양이지만
탱글탱글
가을볕에 익어 가는
대추알처럼
달콤하고 옹골차게
여물어 가리라

이 가을엔

단풍든 들녘을 배경으로
빛 고운 하늘을 담고
한들거리는 코스모스 둑길
너와 나란히 걷던 그곳
한 조각 떼어낸 구름 붓으로
그림 하나 그리고 싶다.

그리고, 너를 위하여
국화 향기 담은
시詩 한 편 써 두고 싶다
영원히 지워지지 않을.

마지막 잎새를 보며

떠나야 하는 걸 아는가?

마지막 남은 열정
나뭇가지에 매달린 채
진저리치는 몸짓이
애닮은 마음이란 걸 알면서도
못 본체 외면하려 하는 것을
야속하다 마오

짧은 만남 애틋한 정을
애써 잊으려 하지만
희미한 채취라도
영상으로 남은 명함이기에
그대 그리우면
간간이 꺼내보리다.

4부

그런 날이 있다

그런 날이 있다

흔들리는 나뭇가지에 앉은
작은 새 한 마리
세찬 바람일수록 뒤뚱거리며
다부지게 발톱을 세우고 있는 것처럼
하고 싶었던 말을 뱉지 못한 채
가슴에 담아 두는 날 있다

예쁘고 고상한 척 뽐내고 싶어
그럴싸하게 포장한 것 던져 버리고
강둑에 퍼질러 앉아
있는 그대로 보여주고 싶은
그런 날이 있다

바다가 보이는 언덕배기
조그마한 찻집에서 오랜 친구와
고단한 삶. 내려놓고
수다 떨며 잠시 쉬어가고 싶은
그런 날이 있다

혹여
오늘같이 꽃 구름이 좋아 흥얼거리며
바람 따라가다가
문학을 좋아하고 시를 사랑하는
사람이라도 만나면 글 몇 줄 논하고
나뭇가지에 앉아 바람 부는 대로
시이소 타는 작은 새가 되고 싶은
그런 날이 내게도 있다

잘 가라 갑오년아

힘찬 도약이었지
여명을 박차고 장엄하게 웅비하는
아침 해를 바라보며 옹골차게 열두 달을 품고
지축을 흔들며 청마를 타고 달려왔던 너

1년을 등분하여 한땀 한땀 수놓듯
새순을 내고 오롯한 꿈을 키워갈 때
세상이라는 큰 정원에 자라던 꽃들이 비키지 못하고
비, 바람 폭풍을 만났을 때
우수수 떨어지는 것을 보며 너 역시 할 말을 잃었을 게야
네 삶도 어찌 그리도 인생을 닮았었는지, 인생의 춘하추동을

눈물로 얼룩진 곳은 지우개로 빡빡 지워 내어라
무거웠던 짐은 구름으로 비가 되어 내리고
파란 하늘을 만들어 보려무나. 오는 이를 위해서라도

힘들어 눈물을 흘리는 이 가슴에 품고
그래도 묵묵히 가던 길 멈추지 않는 너를 보며
지금까지 지나온 여정을 뒤돌아본다

떠나는 너야 순리로 가는 것이다만
남아있는 마음이야 어디 아쉽지 않겠느냐
결산 장부엔 밑줄 그어진 이월된 부분도 있지만
새해에는 또다시 하얀 백지를 준비하리니
마디마디 골절되고 눈물로 얼룩진 청마의 해
갑오년아 부디 잘 가거라

※ 세월호 사건을 안고 가는 갑오년을 보내며

난지도 해변

청정 해변
고운 천에 수놓은 듯
백사장 길 따라 서 있는 해송이
한 폭의 그림이다

거울같이 맑은 바다에
지난밤 수많은 별이 쏟아졌는가
반짝이는 은빛 물결이 곱다

도비도搗飛島[4]를 오가는 연락선이
난지도를 찾는 이의 삶의 무게를
저울질할 제

밀물처럼 들어왔던 사람들
썰물처럼 빠져나간 해변 위로
한가로이 흘러가는 구름 한 점
멀리 왜목倭木[5]에서 떠오르는 일출로
난지도의 새벽은 깨어난다.

---

4) 도비도: 육지에서 대난지도를 가는 선착장
5) 왜목 :충남 당진군 소재의 일출과 일몰의 명소

지금 온도는

오직 한 길
경주자처럼 달려왔다
탱탱하다 못해 터져버린
시절 좋은 무화과의 달콤함처럼
주어진 것들조차
주워담지 못한 아쉬움 남아
끝이 보이지 않는 능선까지
아직, 이라는 이유 하나만으로
숨 가쁘게 쫓아가도 잡힐 듯
잡히지 않는 신기루였다.

낙엽 서걱이고 눈, 서리 내려도
어두운 밤 지나면 아침이 오듯
시간의 끝에서 뒤돌아보며
채워지지 않은 여백까지
후회 없도록 남아있는 시간도
온 힘 다하여 달려가리라
지금 온도는 99.9

인생살이

돌아보니
마음 조용하던 날도
중심 흔들리지 않는 날도
그리 흔치 않았다

주연으로 열연한답시고
잔잔한 바람에도 신경 곤두세우고
앞 만 보고 달려온
인생 무대

질주하는 동안
겉과 안에 더께를 이룬 먼지
털어 내고
가벼워지고 싶다

희미한 것들 선명하게 보이고
작은 소리는 분명하게 들리던
그저 그렇게 지나던 봄
이제야 조금씩 보이는데

뒷집 독거노인 안부가 궁금하고
양지에 쪼그리고 앉아 있는
길고양이 먹이가 걱정되니

이러다
소문난 마당발이 될는지 몰라

독거노인의 하루

산등성이 서 있는 고목
각질처럼 들솟은 껍질은
오랜 세월 감내한 상흔
이젠. 푸른 나뭇잎 사이로
바람이 들락거리고
그 사이로 들어오는 햇살
한 가닥마저도 의미가 없다.
마지막 한가지 소망이 있다면
영혼이 실오라기 같은 끈을 잡고
자유의 세상을 새처럼 날아, 오로지
파라다이스에 안식하는 것이다.
저녁나절 불어오는 높새바람은
숭숭 뚫린 가랑잎 같은 마음
더욱 서럽게 만들고 갈기갈기
골절된 햇빛
관목 잔가지 사이로 뒷동거리며 들어가니
또 하릴없던 긴긴 하루는 간다

꿈

봄에는
풀잎 사랑으로
고운 무지개 띄우고

여름에는
불같은 사랑으로
태울 수 있는

가을에는
풍성한 사랑으로
모자람이 없고

겨울에는
순결한 사랑으로
그대와 함께하는
이런 사랑이었으면…

황태 꽃

때아닌 수천의 연등이 매달렸다
어느 절절한 소원이 저리 많아
줄줄이 엮어 놓았을까

삶의 내음이 풍겨오는 덕장
시린 얼굴을 비비며
겨울 햇살에 기대어
따뜻한 바다를 건진다

긴긴날 덕장에 매달려
삭풍에 뼛속부터 마르는 것이
끝도 모를 여정의 길에
인생의 삶도 무엇이 다를까만
장다리꽃처럼 노오란 황태

삭풍에 알몸으로 둑길에 서 있는
마타리 대궁마냥 버석대지만
투명한 바닷속 유영하던 꿈을 꾸며
피어나는 황태 꽃

세부바다는 시를 쓰다

어느 누가
수평선 저 멀리 맞닿은
하늘과 바다를 꿰매놓고
잉크를 부어 놓았을까

푸른 물결무늬의 주름은
수천수만 자벌레 같은 몸 짓
미처 편집 못 한 시인의 하얀 꿈

보트 하나 물찬 제비처럼 지나가자
뜯지 못한 편지처럼 갇혀있던
글감들이 무수히 쏟아지고
물보라의 빠른 손놀림으로
이내, 은모래에 써 놓은 깔끔한 마무리
지문을 찍어

※세부바다 : 필리핀에 있는 바다

첫눈 내린 아침

하염없다
그리움 나풀나풀 날아온다.
이른 아침부터
초점을 맞추는 햇살
그도 그리움 때문일까

액자 속에 노루 한 쌍
금방이라도 눈꽃 송이 밟고
사뿐사뿐
걸어 나올 것 같은

밤사이
배추밭에
순백 융단을 깔아놓고
하얀 장미로 꾸며 놓은 연회장이
눈 시리다.

눈 오는 날

하늘에서 표백제를 뿌리고 있습니다
온 세상 더러운 것 세탁하려나 봅니다

눈보라 휘몰아치니
허접스러운 잡동사니도
금세 하얗게 되었습니다
산과 들 그리고 마음조차 깨끗해집니다.

이럴 때면
고즈넉한 찻집에 마주 앉아
별빛같이 반짝이는 눈을 가진 그를
바라보고 있어도 좋겠다는 생각입니다

무작정 길을 나서면.
그 사람 불쑥 내 앞에 나타날 것만 같은
그런 날입니다

고려산에 진달래 피면

북쪽에서 불어오는 바람
고려산[6] 능선 짙게 물든
진달래꽃 길 가르더니
염하강에 진홍빛 혈을
흥건하게 토해 놓는다

강 건너 북쪽에선
무슨 일이 있었던 걸까?
염하강은 벌건 피를
가슴에 안으며 몸살을 앓는다

---

6) 高麗山 : 인천광역시 강화군 강화읍, 내가면, 하점면, 송해면으로 뻗어져 있는 산.

내 안의 나

시도 때도 없이
춤추고 싶은
철없는

일상생활과 좌충우돌
티격태격
승부 가리기

버거운 옷 벗어 던지고
성 밖으로 탈출하여
여기저기 유영하다
슬며시 돌아와

너스레 시치미 뚝!

의자

기다렸어요
앉으셔도 좋습니다
당신을 위해 있답니다.

삶에 지쳐 힘들거든
잠시 발길 멈추고
이리로 와요
언제든지 당신 위해
비워 놓고 있을게요

찬바람 막아주는
가림막처럼
비, 바람맞아도
기다릴 테니
당신은 비, 바람 피해서
내게로 와요

나는, 당신이 언제라도
머물 수 있는 의자랍니다

시작이라는 말

아세요?
세상에 좋은 말이 많지만
시작이라는 말 만큼
아름다운 것이 있을까요?

시작이라는 말은
힘이 생겨요
희망이 숨어 있어요
꿈도 품을 수 있지요.

길이 보이는 것은
시작이라는 용기가 있었기 때문이죠
오늘, 깨닫지 못해 속상한 일도
또 다른 시작으로 도전해 보세요.

내일을 위하여…

기회

괜찮아
늦지 않았어

괜찮아
지금부터야

괜찮아
넌 할 수 있어

괜찮아
지금이 시작이야
불끈 쥐어봐

주어진 기회
움켜잡아야 해
내일은 웃을 수 있을 테니

미련

돌아서지 못하고
머뭇거림은
가을 내내 물들지 못한
청 단풍 같은 내 마음인 걸
어쩌지요?

퍼내어도
마르지 않는 샘물처럼
그리움은 솟아나고
길섶의 쑥부쟁이
흔들림도 외면치 못하는
내 마음인 걸요

그대
끈적이는 접착제처럼
떼어낼 수 없는

6월 소나기

동족상잔 비극의 그 날
포성 소리로 들리는
이명이다

숨 가쁘게 달려오며
사랑하는 이를 부르는
꿈속에서의 애절한 절규이다

고목이 간신히 순을 낼 때
고목 같은 가슴에 퍼붓는 충성이다
6월 소낙비는

무궁화 예찬

가슴 깊은 곳에서부터
명치끝까지 치솟는 뭉클한 덩어리
그것이 그리움이었소
그것이 사랑이었소

어머니 젖무덤이 그리워
갈급하고 목말라 할 때처럼
그대, 안타까움으로 다가와
가슴을 활짝 열어 아낌없이
보여주었소

칠흑같이 캄캄한 밤
갈 길을 잃어 방황할 때에도
송이송이 불 밝혀 희망을 주는
민족의 숨결로 이어온 혼불이고
겨레의 자랑이었소
영원토록 피어나라, 아름다운 무궁화여
세세토록 만만세

슬픈 크리스마스

트리가 먼저 나앉는 유흥업소
비틀거리는 불빛들
물구나무로 빙글빙글 돌다
매스꺼움으로 토할 것 같은
성탄절

노숙자의 의미 없는 하루와
세월호 유가족의 찢어지는 아픔과
소외되어 핍박받고 병든 자의 아픔이
신음으로 내뱉는 한숨이 슬프다

낮은 곳으로 임하여
온 누리에 평화와 자유와 안식을 위해
당신이 우리에게 오는 밤인데
화려하고 흥청대는
참으로 슬픈 크리스마스다

내 사랑을 보냈습니다

지운다고 잊혀지는 건 아니지만
시시때때로 아프게 하여
강물에 돌을 던지듯
사랑을 버렸습니다.

잠시라도 보고 싶어
견딜 수 없다는 속내 감추고
억지웃음 지으며 돌아섰습니다

헤어진다 생각하면 동맥도
토네이도로 흐르지만
행복을 빌어주는 마음으로 보냈습니다

소유하고 싶은 집착 때문에
밤마다 별을 헤이다 잠든다 해도
더 이상은 안 될 것 같아
사랑하는 그 사람을 보냈습니다

* 토네이도 : 대규모의 회오리바람

바람

무슨 일로 부아가 났는지
칼바람의 억지다
나무가 경끼를 하듯 파랗게 질려
길을 내주고
꽃들도 비켜서며 후들후들 떤다
후루룩 달리다가
담장 밑 검정 비닐봉지 뒤집어쓰고
곤두박질치며 혼절한다

바람인들 사연이 왜 없겠는가
한이라도 풀어내듯 그리움에 울고
서러움에 가슴을 찢는 것일지도
모를 일이다

5부

비움의 법칙

오늘의 기도

대숲에 이는 청정한 바람처럼
모든 이에게 싱그러움을 주고

세련되진 못하지만
질그릇에 담아낸 토장국 맛을 내는
수수한 사람으로

아침 햇살에 온화한 미소를
담뿍 담아 건넬 수 있는 여유를

화려하지도 투박하지도 않은
소박한 사람으로

어떠한 유혹에도 흔들림 없이
언제나 한결같은 마음으로

오늘도
제 갈 길을 묵묵히 가는
용기와 인내를 갖게 하소서

소망

봄에는 풀잎 같은 사랑으로
고운 무지개 띄우고

여름에는 불같은 사랑으로
태울 수 있는

가을에는 풍성한 사랑으로
모자람이 없고

겨울에는 순백의 사랑으로
그대와 함께하는

이런 사랑이었으면...

비움의 법칙

용서
관용
일흔 번씩 일곱 번 까지
묵상으로
비워지지 않는
오직
아기 예수뿐

* 2014,12.25 크리스마스 아침에

가을이 주는 마음

주어도
주어도
더 주고 싶고
채워도
채워도
채워지지 않는
담아도
담아도
텅 빈
가을은
허기짐 같은 것
그리움 같은 것

사랑 상처 도려내기

사랑의 아픔은
육신의 상처보다 깊어
처방도 없는 백약이 무효

현대 메스로도
MRI 촬영에도 나타나지 않는
난치병

마음 깊이 박힌 고통
오직 하나
당신만 할 수 있습니다

속앓이

외로워서
고독해서
보고 싶어서
미치도록 그립다 하려 했는데
차마
입을 열지 못했습니다

저 끝없는
파랗게 물든 하늘 쳐다보며
이제나저제나
기다린 것 같은 그대가
더 외로울지도 모른다는
생각 때문에

보고 싶다

아카시아 향기가
피어오르는 듯한
해맑은 눈웃음
가지런한 하얀 이가 유난히
눈 안에 들어왔던 너
내 가슴에 들어 있다

살다 보면 한 번쯤은
만나지려나
녹녹지 않은 삶에도
희망의 끈을 잡을 수 있는
풋풋함으로 남아 있는 사람아

인생

삶에
지쳐 있을 때
장례식장에 가보라

삶의 고뇌는
사는 날까지인 것을
깨닫게 되리니

그 속에 완성의
마침표로
새로운 시작의
침묵하는 자를 보라

오늘까지
달려온 길이 평탄치 않은
길이었다 해도
온 힘을
다 한 것이란 걸
알게 되리니.

만리장성

그냥
쌓아진 게
아니다
벽돌
한 장
한 장마다
어머니의
눈
물
이
다

눈물

목욕물은
한 통으로
몸을 담그지만
눈물은
한 방울만으로도

몸과

마
음
을
담
근
다

강아지풀

여기저기 지천으로
물음표를 던져 놓고
길 가는 이에게
묻고 있다

당신은 지금
어디로 가고 있느냐고

그대
세월 따라온 삶
가는 길도 모르는 게
인생이라고
고개를 절레절레 흔들며
말하고 싶은 게다

작품해설

듣고 보았던 것을 시어의 조탁으로 엮은 연금술

장 희 구 張喜久(문학박사 · 시조시인·문학평론가)

듣고 보았던 것을 시어의 조탁으로 엮은 연금술

– 김선옥 시집 「시 꽃처럼 옹알이로 피어나다」를 시평으로 받치면서

장 희 구 張喜久(문학박사 · 시조시인 · 문학평론가

1. 향기 품은 시향에 흠뻑 취해가면서

김선옥 시인은 중견 작가다. 제1시집 「함지박 사랑」, 제2시집 「바람개비의 꿈」에 이어 이번에는 제3시집 「시 꽃처럼 옹알이로 피어나다」를 상재하게 된다. 흔히 문학은 연륜이 말해 준다고 한다. 그만큼 연륜이 쌓이다 보면, 은유적인 비유가 충만하여 시적인 반전을 시도하는 기교가 싹튼다는 뜻일게다.

평자는 이미 김선옥 시인이 현대문학사조 21호(2014년 겨울호)에서 문학작가상 대상을 수상했던 작품인 『예성강을 바라보며』를 읽으면서 탁월한 작가적 역량에 고개를 끄덕이면서, 현대문학사조 22호(2015년 봄호) [주간 계간평]에서 시평으로 상재한 적이 있다. 이렇듯이 김시인은 보았던 것과 들었던 것. 그리고 강렬한 인상 속에 느꼈던 것을 적절하게 소

화시켜 자기 것으로 만드는 숙련공熟練工이라는 생각을 떨쳐 버리지 못했다. 시적인 상상력에 무게를 실어가면서 차곡차곡 일구는 시향도 음미했었다. 때로는 혀를 내두르면서, 때로는 시상의 교과서라는 생각을 하면서 시평으로 떠받침에 따라 대미大尾라는 포근한 한 자락으로 깔아 놓으면서 독자들의 질정叱正을 기대한다.

2. 부메랑을 부여잡은 그리움에 어린 교향곡

불타는 가슴
뜨거운 정열
화끈 한 성깔
스타일이 닮았어

그리움 주고
눈물 또한 주지만
넉넉한 가슴으로
도닥여 주는 마음
사랑도 닮았어

채우기도 전에
퍼주는
정 많은
그대 닮았네, 가을은

- 『닮았네』 전문

시를 쓰거나 평설을 쓸 때 주된 문장이나 결론을 앞에 두는 방식을 두괄식(頭括式)이라고 하는 반면, 그것을 마지막에 두는 방법을 미괄식(尾括式)이라고 한다. 시인은 시제 [닮았네]에서 하고자 했던 '그 무엇이 닮았다'는 시적인 주된 상관대상인 '가을은'이란 낱말을 맨 마지막에 두고 있기 때문에 미괄식이었다는 시적인 얼개이자 배경이 되고 있음을 먼저 제시해 본다.

문장의 성격으로 보아 "~이 ~을 …어떠어떠한 점에서 닮았다"라는 서술이 바른 어순이라고 보았을 때, 위 시는 "가을은 그대를 …점에서 닮았네"라는 내용상의 구조가 더 옳겠다. 위 시 첫수와 둘째 수는 모두 '…점에서'라는 부사적인 수식어로 장식했다는 느낌을 쉽게 받는다. 이런 점을 염두한다면 시인의 시적인 착상하며 그 여운들을 보다 쉽게 이해할 수 있으리라 본다.

시인은 가을은 그대와 꼭 빼닮은 꼴의 여러 가지를 사방으로 눈을 들어가며 찾기 위해 몸부림치는 모습을 보인다. 첫 연에서 불타는 가슴을 만지면서 뜨거운 정열을 담아 보려고 노력하더니만, 화끈한 성깔이며 멋을 부리는 스타일까지 가을은 그대를 꼭 빼닮았다고 했다. 시인은 가을이란 시적인 상관물이 [가슴, 성격, 정열, 스타일]이라는 경적景的인 면에서 '그대와 닮은꼴'이란 그림을 그려놓았다. 다시 두 번째 연에서는 그대는 때로는 그리움도 주고 눈물도 주지만, 넉넉한 가슴을 '쫘악' 벌려 도닥여 주는 마음이며, '꼬옥' 껴안아주는 사랑까지도 닮았다고 했다. [그리움, 눈물, 마음, 사랑]이란 정적情的 시주머니를 활짝 열어 보인 시적인 재주와 언어적 마술을 부리고 있다.

화자는 경景과 정情 연에서 심중에 남아 있는 한마디를 털어내더니만, 그대를 가을 속으로 치환置換시키려는 속셈을 다 부렸던지 이제는 시적인 문을 닫으려는 분주한 모습을 보인다. 그대는 자기를 다 채우기도 전에 마구 퍼주기만 하는 정 많았던 그대를 꼭 빼닮았다고 했다. 풍성한 가을은 익고 도닥이고 그리고 마음껏 퍼주기만 하는 베푸는 그 덕성이야 말로 그대를 꼭 닮았다고 했다. 시인은 '시적인 상관자인 그대'가 누구인지 해답을 주지 않았다. 누구인지 독자가 알아서 판단하라는 강렬한 메시지 한마디를 던져 주고 만다. '성직자, 스님, 신부님, 남편, 아내…' 어느 분이 될 수도 있고, 어느 분도 아닐 수 있다. 언어의 예술이라는 시상은 때로는 감출 듯이, 때로는 노출할 듯이, 때로는 말할 듯이, 때로는 침묵할 듯이 가슴으로 느끼게 하는 마술적인 매력이란 시의 특수성을 잘 알아가면서 도닥였던 작품이다.

떠오르는 태양과
도란거리는 별이 있고
그윽하게 떠오르는
달님이 있어도
너와 내가 없다면
무슨 의미가 있을까

태초에 땅이 생성될 즈음에
양과 음이
이어지는
원천의 고리가 되어
너와 나

사랑이란 인연의 굴레 안에
오늘도 있는 것이 아니겠는가

하여, 지구라는 원 안에는
씨를 품어 발아하기 위해
오늘도
뜨거운 열애 중이다

– 『지구는 열애 중』 전문

시는 다른 장르에 비해 비유법이나 상징법을 적시 적소에 사용하면서 낯설게 하기를 잘해야만 모범적인 작품이라고 말한다. 이런 작품이라야만 공감을 얻을 수 있다. 시인의 작품을 읽으면 '지구는 열애 중'이라는 다소 엉뚱한 상징이자 낯설게 하기란 시적 생활화(?)라는 독특한 일면을 자연스럽게 도입해 내는 시제를 붙이고 있다. 이를 독자들은 '지구가 어떻게 열애를 한단 말인가'하면서 시상에 대한 궁금증은 더한다. 이런 동기 붙임이 시제에서부터 잘 연결되었을 때 독자들의 공감을 얻을 수 있음이란 일면이 보인 작품이다.

시인은 첫수에서 넓은 우주 공간의 태양과 별과 달이라는 삼형제의 하모니를 조화시키려고 했다. 묵묵한 해님, 부드러운 달님 그리고 너무 말이 없이 멋없는 분위기를 알아서 시끌벌쩍할 만큼 도란거리는 별들에게 양 어깨에 무게감을 실어 주었다. 그렇지만 그 어느 것 하나라도 우주상에서 존재하지 않는다면 아무런 의미를 부여할 수 없다는 필연적인 귀결이란 꼬리표까지 붙여주었다. '무슨 의미가 있을까'라고 했기 때문이다. 태양을 중심으로 하여 뭇 행성들의 어김없는 공전과 자전은 우주를 있게 했고, 지구를 살찌게 했다. 1미리미터의 오차도 없는 우주의 귀결된 법칙이다. 이는 어느 한쪽의 공功으로 돌릴 수도 없는 상부상조였음을 시인은 시어의 얽힘에서 때로는 직설적으로, 때로는 한 마디일망정 은유적으로 조화롭게 표현해 놓았다.

둘째 연에는 지구라는 땅의 조화를 우주의 공에서 또 달리 떼어내어 생각할 수 없음이란 원리를 잠시 떠나서는 안 된다는 불타는 열정을 보인다. 태초에 땅이 생성될 즈음에 양과 음이 이어지는 원천적 고리가 되었음을 우주 천체적인 조화였음을 보이고 있기 때문이다. 태양이 없으면 지구나 달의 의미를 존재할 수가 없고, 달이 없으면 지구나 태양의 존재를 생각할 수 없기 때문이다. 지구가 없다면 인류는 물론 태양과 달의 존재 가치는 무의미하다는 상호연관성과 보완적인 가치를 생각해 내었다. 시인은 싯줄이나 쓰고 있는 문학도이면서도 과학자인 양 어깨를 으스대는 모양을 먼발치에서나마 지켜보고 있는 평자가 오히려 초라하기 그지없지 않겠느냐는 꼴은 아닐지 차마 모르겠다. 이런 자연적인 원리를 누구보다 잘 알고 있는 시인은 [너와 나 / 사랑이란 인연의 굴레 안에 / 오늘도 있는 것이 아니겠는가]라는 한 마디 의문점을 던진다. 의문점이 아니라 확신하고 있는 모습이다.

시인은 셋째 연에서 화자의 입을 빌어 진실한 자기 소회를 피력하게 된다. 지구라는 원 안에는 씨를 품어 발아하기 위해 오늘도 쉼 없이 뜨거운 열애 중이라는 한 마디를 토해 내고 만다. '누구와 열애 중일까'라는 대답은 분명해 보인다. 누가 여인이고 누가 남성인가도 뻔해 보이지 않는가. 노스텔자의 손수건을 끊임없이 흔들면서 씨앗을 품어 잉태하고 싶다는 지구의 손짓이 우주 공간에 있는 저 삼형제에게 손짓하고 있는 모습이 훤히 보이기 때문이다. 그래서 시인은 지구는 열애 중이라고 했으리라. [하여, 지구는 계절을 바꾸어가면서 씨를 주고, 물을 주고, 뜨거운 태양을 갈망하면서 자란다]는 싸이클과 같은 자연을 바닥에 깔고 첫째, 둘째, 셋째 연이 이어졌음을 알게 한다.

3. 시향에 젖어드는 시심의 향기 품어 가면서

어미의 손을 놓치고
때아닌 홍수에 떠내려가다가
낯선 마을 어귀 웅덩이를 맴돌다
발이 닿은 곳
당진군 석문면 솔 안말이라는 마을
내 또래 계집아이와 정분이 나서
뿌리를 내렸다

훌쩍 자란 계집아이 시집가고
그 어미가 대신 사랑하다가
어미마저 떠나고
혹여나 달콤한 사랑 잊지 못해 찾아올까

4월에 연분홍 치맛자락 펼치고
6월엔 황색 떡 살구 등처럼 달아
해마다 기다리는데
나처럼 타향에 정 두었는지
시인이 되었다는 소식만
바람결에 들려 올 뿐
나처럼 늙어 마음뿐인지.

– 『내 고향 떡 살구나무』 전문

위 시는 다음과 같은 네 가지 전제를 먼저 할 수 있다. 첫째는 시인이 주위 '어떤 소녀'의 기구한 운명을 보고 들어 시상을 일으켰거나, 둘째는 '시인과 내 또래'라는 두 사람 입장을 서로 바꾸어 치환시켰을 것이다. 셋째는 시인 자신의 기구한 운명을 시적 그림으로 그렸거나, 넷째는 시제가 주는 '내 고향 떡 살구나무' 한 그루의 운명을 사람에 빗대어 상상했을 것이라는 밑그림이 두루 가능하다. 그러나 시적 상관자가 누구이거나 간에 작품 속에 스민 가녀린 소녀가 울부짖으며 살았던 한 호소력 속에 깊이 빠져들었으면 좋겠다.

사람이 먹고살기 위해 종사하는 직장이 수만 가지가 있듯이, 하 많은 질곡의 세상을 살아가는 사람들이 많다는 것을 실감하는 작품이다. 먼저 위 작품 내용의 이해를 위해 간단한 요약도를 그려본다. [홍수가 났다--어미 곁에 있던 어린 살구나무가 뿌리가 뽑혀 홍수에 떠밀려 왔다→충남 당진군 어느 마을의 같은 또래 집주변 밭둑에 정착했다→같은 또래 소녀와

살구나무는 함께 자랐는데 소녀는 시집갔다→혼자 남은 살구나무를 보살피던 그 소녀의 어미마저 떠났다→하 많은 세월(4월의 푸르름, 6월의 떡살구의 익어감)을 기다렸다→시인은 다음을 상상한다(나(살구나무)처럼 타향에 정을 두었으리. 시인이 되었다는 소식을 듣다. 나처럼 많이 늙었겠는데)라는 등]이다. 이 작품을 읽어 보면 시적 상관자인 소녀의 기구한 운명을 한 눈에 상상해 낼 수 있어 가슴을 저미게 한다. 소녀가 커왔던 삶을 필설로 다 표현할 수 없는 질곡桎梏의 삶이었으리라.

시인은 첫째 연에서 시적 주체자인 '내가'(이하 '나 혹은 내가'라고 표기함) 홍수에 떠밀려와 충남 당진 어느 마을에 정착하면서 같은 또래 집에서 자랐다는 선경先景의 그림을 그려내고 있다. 자연이 주는 재해 앞에 자식을 잃고 넋이 나갔을 친모親母를 상상하게 되고, 급한 물결 속에서 살아남은 시적 화자인 '나'를 떠올려 본다. 그나마 낯선 집에서 또래 계집아이의 진실한 보살핌과 그 어미의 열정이 있었기에 장성할 수 있었다는 아픈 지난날까지 생각하게 된다. 어렵고 고통스러운 삶이었을 것이다. 여기에는 시인의 느낌이나 감정이입은 아무것도 없다. 있었던 일이나 소설의 한 주인공처럼 허구적 [가공의 진실]까지도 생각하게 된다. 있을 법한 사실에 대한 그림일 수도…

둘째 연은 시인은 화자의 입을 빌어 다음 두 가지가 상상

된다. 훌쩍 자란 계집아이는 시집을 가고 그 어미의 사랑을 받다가 그 여인마저 떠났다는 사실적인 인과관계를 노출해 냈다. 다음은 같은 또래와 아기자기하며 달콤하게 지냈던 시절을 못 잊어 하는 화자의 몸부림이 그림처럼 영상의 화면에 비춰진다. 이어지는 다음 시상에서는 맞춤형 같은 시통주머니를 꺼내 든다. 시심 속의 '나'는 같이 자란 '또래'를 잊을 수 없어 몸부림치는 장면을 수필을 쓰듯이, 콩트 한 편을 쓰듯이 또렷하게 묘사描寫해 내고 있다. 혹여나 달콤한 사랑 잊지 못해 찾아올까라는 화자의 합리적인 상상은 그도 내 마음 같았으면 하는 자기 합리화에 열성을 부리는 장면이 연상하게 된다. [4월에 연분홍 치맛자락 펼치고 / 6월엔 황색 떡 살구 등처럼 달아 / 해마다 기다리는데]라는 장구한 세월의 무게를 한 짐 등에 짊어진 느낌을 받는다. 작년의 4월과 6월이 가고, 금년의 달력도 또 그렇게 한 장씩 넘어가는 모습을 상상하게 된다. 여기서 황색 떡 살구는 자란 고향(?) 내음이 진하게 와 닿을 듯한 추억의 한 덩치란 상징적인 나무로 보는 것이 좋을 듯싶다. 이어진 화자의 진한 정감으로 마지막 쏟아낼 수 있는 한 마디를 톡톡 털어내면서 쏟아 붓고 만다. [나처럼 타향에 정 두었는지 / 시인이 되었다는 소식만 / 바람결에 들려 올 뿐 / 나처럼 늙어 마음뿐인지]라는 투덜거림이다. '또래'가 '나'처럼 타향에 정을 두었는지, 몸이 많이 늙어서 마음뿐인지, 그리고 바람결이란 소문처럼 그 또한 시인이 되었는지를 상상해 내고 있다. 상상의 밑그림들이 풍만해 보인다.

봄부터 가을까지
한 줄기 바람 한 줌의 햇살로도
고운 꿈 품어 왔다.

고백하건대
초라한 모습으로 생을 마감할지라도
한 번만이라도 멋지게
뜨겁게 불태우고 싶었다

누군들 감추어둔 속내
쉽게 보이고 싶겠는가마는
이제, 가슴을 열어
한없이 만산에 불 지르고
미련 없이 떠나련다

– 『단풍』 전문

단풍의 한 생을 그리고 있다. 단풍은 봄에 고운 싹을 틔워 여름에 쑥쑥 자라다가 가을이 되어 곱게 물들어 떨어진다는 내용을 담아낸 어찌 보면 평범성을 노출한 작품으로만 보인다. 단풍 자신이 조연과 주연을 도맡아 연출해 내면서 해설까지 덧붙이는 작품의 면면이 엿보인 의인법으로 덧칠함이 은근하게 배어 나온다. 동식물이나 무생물도 사람처럼 말을 하고 깊은 생각에 잠긴다는 식으로 바꾸어 대화하는 의인법을 써서 공감을 일으켰다.

시인은 첫째 연에서 단풍이 한 줄기 바람을 맞고 햇살을 품으면서 고운 꿈을 키운다는 단조로운 시상 주머니를 펼쳐 보인다. 선현들이 즐겨 썼던 선경의 시상이지만 다음으로 이어지려는 녹음이란 절정을 꿈의 세계로 그려 보려는 야심찬 한 세대의 희망을 예고한다. 그래서 '고운 꿈 품어왔다'고 하면서 열연熱演해 보일 태세에 관심을 집중하게 된다. 겨우내 어깨를 움츠리고 있다가 뾰족하게 움을 틔우면서 태어나는 순간부터 잉태된 자연이란 텃밭에서 고운 꿈을 키운다. 여름에 따스한 햇볕을 받은 단풍이 쑥쑥 크다가 가을에는 고운 옷으로 갈아입으면서 그 자태를 뽐내다가 차가운 가을바람 한 줌 맛을 보게 되면 그만 떨어지고 만다. 후진에게 다음을 기약하면서 재촉하는 차가운 겨울바람의 회초리를 견디기가 여간 어려웠으리라.

화자는 둘째 연과 셋째 연에서 자기의 소망 한 아름을 피력해 보인다.

둘째 연에서는 자서전 격인 자기 고백에 만취해 버린다. 서정시나 서사시를 막론하고 클라이맥스가 절정에 도달할 만큼 만취 상태에서는 내뱉은 고백적이고 독백적인 내용이 읽는 이들로 하여금 훨씬 더 공감대를 형성하기가 용이하다. 이렇듯 화자는 비록 초라한 모습으로 내 생을 마감할지라도 이번 한 번만이라도 멋지게 그리고 뜨겁게 이 생을 불태우고 싶다는 강렬한 자기 신념을 되씹어낸다. 피가 펄펄 끓은 젊은이들이 정의를 위해서, 아니면 국가와 민족을 위해 온몸을 다 바치겠다는 신념이 온 몸으로부터 우러나오는 강렬함을 느끼게 하는 매목을 연상하기도 한다.

셋째 연에서 화자는 보다 강열한 자기 의지를 보인다. [누군들 감추어둔 속내 / 쉽게 보이고 싶겠는가마는 / 이제, 가슴을 열어] 보인다고 했다. 누구나 아픈 상흔傷痕을 활짝 열어 젖히기는 쉽지 않다. 아픈 것은 숨기려고 하고, 어려운 것을 감추려고 한다. 이것은 정한 이치다. 그렇지만 화자는 더는 숨길 것도 감출 것도 없다는 생각을 하면서 가슴에 품은 자기의 생각을 여지없이 토로한다. 그것은 혼자만이 곱게 간직했던 아름다운 사랑의 추억이나 깊숙하게 감추어 두었던 재산을 모두 떠벌려버리는 임종臨終의 마지막에서나 내뱉을 수 있는 한 마디일 수가 있겠다. 그래서 화자는 [한없이 만산에 불 지르고 / 미련없이 떠나련다]고 했으니 이제는 인고의 아픔이나 영화를 다 버리고 훨훨 떠나겠다는 속 깊은 의지를 깊숙하게 열어 보이게 된다.

4. 사랑의 진실에는 사랑의 무게만큼 젖어 들고

시도 때도 없이
아련하게 보이는
신기루
잡히지 않는 안개
다가갈수록
멀리 숨어버리는 술래

– 『사랑은1』 전문

태초부터 인간에겐 사랑이 있었다. 남녀 간의 사랑도 있겠지만, 부자간 모녀간의 긴한 사랑은 그 도를 더했다. 사제간의 사랑, 친구 간의 사랑도 있었다. 긴한 정감을 나누었다면 늘 사모한 나머지 보고 싶고 만나고 싶은 농도를 더했다. 시인은 이런 점을 생각하면서 시상을 일으킨 것으로 보인다.

위 시에서는 경景을 그려내는 시인의 말은 하나도 없다. 화자의 입을 빌은 정情만을 듬뿍 담아 뿌려내고 있어 붓을 든 시인의 마음을 읽어낼 수 있어 보인다. 화자는 사랑을 다음 세 가지로 정의하려고 했다. 사랑은 신기루와 안개 그리고 술래라고 했다. 신기루는 신기한 존재인지도 모른다. 부르지도 않았는데 슬며시 엉덩이 들어 밀면서 찾아들고, 아련하게 보이는가 싶더니만 슬그머니 없어지는 '신기루'란 존재라고 했다. 다시 화자는 먹구름처럼 끼었던 안개, 희미한 등불을 가로막는 안개 그래서 손을 내밀어도 잡히지 않는 '안개'를 사랑의 진실이라고 생각했다. 사랑을 신기루와 안개라는 자연에 비유하더니 엉뚱한 '술래'라고 치환시켜버렸다. 술래잡기 놀이에서 숨은 아이를 찾아내는 아이가 술래다. 숨은 아이들을 찾으려 해도 꼭꼭 숨어버린 아이들을 찾을 수 없다는 시상 주머니를 훌훌 털어내고 있다. 이렇게 보면 사랑은 가까이 있으면서도 잡혀지지 않고, 그 깊이를 알아내려고 해도 알아낼 수 없는 '오묘함'에서 출발된다는 시적인 밑그림을 그려내었다. 시인은 지금까지도 아슴하기만한 사랑의 진실을 몰라 헤매고 있다는 생각을 지울 수 없다.

5. 우리 함께 꼬옥 부여안고 가야 되지 않겠나

북쪽에서 불어오는 바람
고려산 능선 짙게 물든
진달래꽃 길 가르더니
염하강에 진홍빛 혈을
흥건하게 토해 놓는다

강 건너 북쪽에선
무슨 일이 있었던 걸까?
염하강은 벌건 피를
가슴에 안으며 몸살을 앓는다

–『고려산에 진달래 피면 』 전문

고려산은 강화도에 있는 산으로 4월 중순이면 산비탈에 연분홍 물감을 풀어 놓기라도 하는 듯 천지가 꽃바다를 이룬단다. 낙조봉과 그 서릉산의 진달래빛은 상봉일대에는 진달래 꽃잔치에 정신없다네. 염하강은 인천 강화군과 경기 김포시 사이의 흐르는 해협海峽이다. "소금염(鹽)에 강하(河)"라는 의미를 껴안은 강으로 좁은 해역을 따라 길게 이어진다. 제주에는 '올레길'이 있고, 지리산에 '둘레길'이 있다면, 강화도에는 '나들길'로 펼쳐지는 강이란다.

시인은 예성강이 훤히 들여다보이는 강화도 고려산에 올라 멀리 북녘을 바라보면서 시상을 일으켰다. 우리 땅 우리 고장

이건만 지금은 동토의 땅으로 너무 추워(?) 가지 못하는 곳이 그곳이다. 북쪽에서 불어오는 거친 바람이 길게 늘어진 고려산 능선 짙게 물들던 진달래꽃 길을 가르더니만 염하강에 진홍빛 혈을 흥건하게 토해 놓았다는 시상을 일으켰다. 북녘이 바라다 보이는 경치를 읊으면서 펼쳐진 시상이 후정을 한 아름 안고 있는 시심을 우려내고 있어 시적인 감흥을 더해낸다. 진홍빛 혈血이라면 북의 땅이 마구 파헤쳐지면서 행여 침략의 야욕을 불사르며 산을 파헤치고 있으니, 곧 '공사 중(?)'이란 생각을 하게 되었겠다. 눈에 보인 이 혈흔은 6,25라는 아픈 역사를 떠올리면서 행여 또 다른 침략의 야욕은 아닌가 하는 섬뜩한 생각이 든다.

그렇지만 화자는 그것이 상상일 뿐이라는 생각을 하게 된다. '강 건너 북쪽에서는 도대체 무슨 일이 있었던 걸까?'하는 의문을 갖더니만 피로 뒤범벅이 된 염하강은 벌건 피를 가슴에 안으며 몸살을 앓고 있다고 했다. 혈흔血痕이 가시지 않는 염하강을 바라보는 시상은 화자의 가슴을 쥐어짜듯이 요동치게 했음은 분명하지 않았을까 하는 생각을 지울 수가 없다. 아마도 고려산과 염하강은 시인에게 그렇게 말했을 것이다.

6. 이제는 한 줌 소망을 안고 가야 할 차례

봄에는 풀잎 같은 사랑으로
고운 무지개 띄우고

여름에는 불같은 사랑으로
태울 수 있는

가을에는 풍성한 사랑으로
모자람이 없고

겨울에는 순백의 사랑으로
그대와 함께하는

이런 사랑이었으면…

– 『소망』 전문

누구에게나 소망은 있다. 아주 작은 것에서부터 더 커 보이는 소망이 있는가 하면, 너무 커서 껴안기에는 벅찬 소망도 있다. 쉽게 이루어질 수 있는 소망이 있는가 하면, 쉽게 이루어지지 않을 수 있는 소망도 있다. 불과 몇 년이면 이루어 질 수 있는 소망이 있는가 하면, 평생을 두고 노력해도 이루어지지 못 할 소망도 있다. 혼자만이 간직하기엔 긴 터널의 소망일 수 있다.

시인은 사시사철이면 늘 바뀌는 사랑으로 채워지는 간절한 소망을 했던 모양이다. 시인은 가슴에 응어리진 화자의 한 많은 넋을 위로해 줄만한 틈도 없이 그저 거침없는 소망을 펼쳐내는 대담성을 보이기에 주저하지 않았다. 봄에는 도란도란 속삭이며 쏘옥 고개를 내미는 풀잎 같은 사랑을 다잡아서 곱게 무지개 띄우는 사랑을 원했다. 소생을 기원하는 사랑이었겠다. 여름에는 정열이 넘치면서도 불꽃같이 활활 타는 그런 사랑으로 태울 수 있는 아기자기한 사랑을 소망했겠다. 희망을 채우려는 소망이었으리라. 가을에는 알알이 영글디 영글어 어디에서나 풍성한 사랑으로 감싸도 조금도 모자람이 없고 충만한 사랑을 희구希求했다. 모자라거나 넘침도 없는 사랑을 희구했겠다. 겨울에는 티 없이 맑은 순백의 사랑으로 늘 아끼면서 다독여 주고 위로해 주며 그대와 함께하는 사랑을 기원했다. 맑고도 고운 사랑을 기원했었으리라. 편안함을 바라는 시인만이 간직하고 픈 사랑이었으리니. 그래서 시인의 사랑은 편안함이 감돌고, 화자의 입을 빌어서는 풋사랑이란 대리만족 정도에는 결코 안주하지 않았겠다. 시인은 주기만 하고 받을 줄을 모른다는 평가에도 만족하지 않았을 것이고, 상대를 편안하게 한다는 이야기인들 더더욱 만족하지 않았을 것으로 보인다. 작품에서 보이는 시인의 사랑은 말로는 더 이상 설명할 수 없는 독실하고도 진실하기 때문인지도 모르겠다는 생각이 아련하게 손짓해 온다.

7. 시 꽃처럼 옹알이로 피어나다 향기에 취해서

김선옥 시인은 제3시집 「시 꽃처럼 옹알이로 피어나다」에 상재한 94수 작품을 5부로 분류했다. 어느 작품을 읽어도 감칠맛이 나고 은유적인 시상에 만족스러웠다. 김시인의 작품으로 시평을 쓰는 짧지 않은 여정旅情은 아스팔트길을 걷는

대로였음을 부인할 수 없다. 그 뿐만이 아니다. 김시인 작품의 질과 격이 월등했다는 것은 그만큼 시의 깊이가 있다는 뜻일 것이다.

본 시평은 시인이 설정해 놓은 5부를 밑바탕으로 놓아 적절하게 1~2편을 골라 경景을 보는 시인의 입장에서, 정情에 감동했던 시상은 화자의 입장에서 취사선택했다. 어느 작품도 놓칠 수 없는 우수한 품격을 보였으나 지면 사정을 감안하여 불가피한 선택이었음도 아울러 밝힌다. 김시인은 들었던 상황이나 보았던 정경을 내 것으로 가공해 내는 연마술은 가히 수준급이었음이 평자의 소회다. 다만 은유성에 바탕을 둔 상징성에 무게를 두면서 열공熱工(?)하여 작품 활동을 한다면 큰 대들보 시인으로 성장할 수 있을 것이란 생각을 굳이 감추려 하지 않으려 한다. 부디 김시인께서는 이어서 제4시집이란 옥동자를 꼬옥 껴안고, 앞으로 제10시집까지는 일구어서 [김선옥 시문학전집]으로 거듭 태어날 때 이 지면을 빌어 다시 만날 수 있기를 기대한다.